PSICOANÁLISIS

LA GRAN ALTERNATIVA

PSICOANÁLISIS

LA GRAN ALTERNATIVA

ALEJANDRO GERTZ MANERO

Grupo Editorial Tomo, S. A. de C. V.
Nicolás San Juan 1043
03100, México, D. F.

1.ª edición, agosto 2015.
2.ª edición, mayo 2017.

Nicolás San Juan 1043, Col. Del Valle
03100, Ciudad de México.
Tels. 5575-6615, 5575-8701 y 5575-0186
Fax. 5575-6695
www.grupotomo.com.mx
ISBN-13: 978-607-415-727-7
Miembro de la Cámara Nacional
de la Industria Editorial N.° 2961

Diseño de portada: Karla Silva
Foto de portada: Lightspring/Shutterstock.com
Formación tipográfica: Marco A. Garibay
Supervisor de producción: Leonardo Figueroa

Impreso en México - *Printed in Mexico*

En memoria del
Dr. Marco Antonio Dupont Muñoz

Índice

Prólogo

Desde que existe memoria histórica y hasta el día de hoy, los seres humanos hemos tenido que enfrentar una eterna contradicción interior, que por una parte nos da la posibilidad de lograr avances y éxitos en muchos aspectos de nuestra vida, y por otra, en mayor o menor grado, nos genera compulsiones autodestructivas que nos llevan a boicotear constantemente nuestra existencia, la salud, el bienestar, la libertad y la convivencia cotidiana, convirtiéndonos de esa manera en nuestros propios enemigos, que en forma implacable y obsesiva nos inferimos daños, muchas veces irreparables, que nos pueden conducir a la propia destrucción, mientras lastimamos a nuestros semejantes, sin importar las consecuencias.

La historia de la humanidad es un reflejo de esta contradictoriedad, y es así como civilizaciones excepcionales lograron avances sociales singulares y encomiables, para luego autodestruirse, perdiendo todo lo ganado, hasta desaparecer aniquiladas por su propia dinámica demoledora, como fue el caso de grandes culturas prehispánicas en Mesoamérica.

La presencia permanente de esta dualidad de vida y muerte –Eros y Thanatos– nos ha acompañado desde siempre. Y si bien Eros nos propicia goce y felicidad, permitiéndonos progresos extraordinarios, que se han expresado sobre todo en el último siglo a través de las ciencias, la salud física y la tecnología; Thanatos también ha estado presente en la autodestructividad y la compulsión por hacernos daño e inferírselo a los demás, como si la humanidad no hubiera avanzado ni un ápice en su autorrescate anímico. Todo lo cual se evidencia en las adicciones incontrolables al alcohol, al tabaco y a ciertas drogas, que destruyen y matan a un incontable número de personas; mientras las enfermedades que el hombre se provoca a sí mismo no se logran erradicar, en tanto millones de seres humanos siguen sometiéndose masoquistamente a la pederastia, a la trata, a la violencia física y mental, y a masacres genocidas, propias de culturas bárbaras y primitivas.

En esa dinámica cotidiana, muchos individuos transitan por la vida a través de un verdadero caos emocional, con esporádicos momentos de felicidad, o cuando menos de tranquilidad y paz, frente a lapsos prolongados y en ocasiones interminables, en los que la angustia, la confusión y la violencia prevalecen, llevándolos a ocultar su identidad y a expresar una personalidad que quisieran poseer, pero que no corresponde a lo que realmente son, convirtiéndolos de esa manera, en cómplices y encubridores de sus actos más negativos, a los cuales protegen, ocultan y solapan; en lugar de reconocerlos y superarlos, creando así una doble personalidad que se autoengaña y que los lleva a actuar en igual forma con los demás, en una necesidad incontrolable y permanente de fuga y de elusión de su propia realidad, tanto en lo individual como en lo colectivo.

Esta crisis permanente o recurrente en la vida de muchísimas personas nos obliga a reconocer que los seres humanos, a través de nuestra existencia histórica y hasta el día de hoy, no hemos podido resolver esa ruptura interna y esa permanente confrontación, porque casi nadie sabe bien a bien quién es, de dónde viene, por qué actúa como lo hace y mucho menos hacia dónde va; mientras una pequeña minoría que fluctúa entre el civismo, el cinismo y la "santidad", ha comprendido o ha intuido que es posible conducir esas debilidades y carencias de las mayorías, y como consecuencia de ello, ha ido inventando esperanzas, mitos o fantasías, así como propuestas alentadoras, mágicas o escapistas para dar respuestas a la orfandad y a la indefensión de esas grandes masas, que históricamente han estado dispuestas a aceptar la sujeción a cualquier opción que le impongan sus líderes con la ilusión de recibir a cambio, protección y consuelo en este mundo o algún "cielo" o "paraíso" eternos en el "más allá".

En dicho entorno histórico de orfandad, compulsión e indefensión emocional fueron apareciendo los poderes públicos con sus gobiernos, así como las religiones con sus iglesias, que en un principio, se hallaban unidos en una gran simbiosis de autoridad durante las culturas teocráticas, que se organizaron por una parte con el propósito de conducir, proteger y darle aliento y coherencia a sus pueblos, y por otra para someterlos y esclavizarlos, administrando sus miedos y debilidades, a cambio de asumir sus responsabilidades individuales y colectivas.

Esa misma realidad esencial se ha venido repitiendo en la raza humana en forma constante y hasta nuestros días, en que los avances sociales y científicos han sido notables, mientras la indefensión emocional, individual y colectiva continua, y las grandes incógnitas sobre el ser, su origen y su trascendencia, siguen sin obtener respuestas que verdaderamente logren el cambio tan esperado, el fortalecimiento interno tan necesario y la plena libertad consciente que nunca se ha alcanzado.

Para objetivar estas premisas, es de gran utilidad el exponer ejemplos transparentes y concisos que a todos nos afectan en nuestra vida cotidiana, y que nos ayudarán a entender con mayor claridad lo que nos ocurre.

Para cumplir con ese propósito, mostraremos algunos casos de conductas sociales que hoy se viven y que también se soportan, o admiten colectivamente en nuestro país:

1. Muchos mexicanos destruyen su salud mediante una alimentación y una dieta equivocadas, ingiriendo productos que los llevan a padecer obesidad generalizada desde la niñez. Esto sucede, en principio, porque en nuestro país es donde más se consumen en el mundo las dañinas bebidas azucaradas y carbonatadas; junto con los alimentos chatarra, que son ingeridos masivamente, sobre todo por los sectores más pobres y desprotegidos de la

sociedad, provocando e incrementado enfermedades crónicas y hereditarias, como la diabetes, que es ya una pandemia nacional que ataca a millones de mexicanos.

2. Tenemos un sistema educativo que es al mismo tiempo el más costoso desde el punto de vista fiscal y uno de los más ineficientes del mundo de acuerdo con todas las encuestas internacionales; el cual rechaza o abandona en forma reiterada a millones de estudiantes de todos los niveles, para lanzarlos a los peores destinos.

3. De acuerdo con las encuestas oficiales del Instituto Nacional de Estadística y Geografía, nuestro sistema de Seguridad y Justicia permite la comisión de más de 33 millones de delitos al año;

de los cuales cerca del 99 % quedan impunes y ello se soporta mayoritariamente.

4. Los niveles de corrupción en la vida pública del país han llegado a extremos cotidianos de vergüenza nacional y de escándalo mundial, y frente a ello, la indignación social, es parcial, momentánea y sin consecuencias apreciables.

5. La violencia y la criminalidad ejecutan o hacen desaparecer a decenas de miles de personas anualmente, sin que exista control alguno frente a esta masacre.

6. Desde tiempo inmemorial, hemos sufrido un reparto profundamente injusto de la riqueza nacional, que mantiene a más de 50 millones de mexicanos en la pobreza; y al mismo tiempo pro-

duce a los hombres más ricos del mundo, gracias a franquicias monopólicas otorgadas por un poder público que se sostiene y se enriquece a costa del patrimonio nacional.

7. En México, quienes trabajan formalmente son castigados con altos impuestos, mientras las grandes empresas monopólicas o trasnacionales prácticamente están excluidas de dichos pagos, en tanto que más del 60% de la actividad económica del país se desarrolla en la informalidad, en el ambulantaje o en el delito; eludiendo sus obligaciones fiscales y comunitarias, con la complicidad y anuencia de las autoridades.

8. El país lleva décadas de crecimiento real a tasa "0", mientras la deuda pública se multiplica y los partidos políti-

cos, que son repudiados masivamente, controlan y explotan a su antojo a esta nación, sin que se pueda observar alguna esperanza de cambio.

9. Nuestro sistema político, que está sustentado en el autoritarismo paternalista, la corrupción y la ineficiencia, ha podido prevalecer durante toda la historia de México, cubriéndose con distintas máscaras de cualquier ideología, pero siempre conservando una sola esencia saqueadora, que muchos critican, pero que finalmente las mayorías toleran con apatía o con la esperanza secreta de obtener la ansiada protección anímica, y también alguna parte de ese botín nacional, que cada día mengua y se estrecha en detrimento de todos.

Estas breves muestras de nuestro atraso, y destructividad, vienen a ratificar las afirmaciones que hemos sostenido; y el mismo ejemplo lo podríamos repetir en mayor o menor grado en cualquier otro país, el cual expresará sus propias contradicciones de conformidad con su desarrollo intelectual, político y comunitario, sin que exista nación alguna, que sea ajena a esa patología social.

Frente a este síndrome social tan complejo y repetitivo, se ha venido consolidando una alternativa en el ámbito emocional y conductual, que puede propiciar posibles soluciones, tanto en lo individual como en lo colectivo; razón por la cual creemos que merece la pena considerar su análisis, que vamos a exponer.

Psicoanálisis. Historia y desarrollo

Los antecedentes occidentales más remotos del psicoanálisis se remontan a la filosofía griega, que buscó, desde el siglo VI a. C., una formula lógica y sensata que les explicara a los hombres cuál era su origen, la razón de su existencia; los motivos de su angustia vivencial; el porqué de sus constantes contradicciones, y de su obsesivo temor frente a la muerte. Ante tales incógnitas las expresiones más elevadas del saber filosófico las formuló Platón en el mundo del idealismo; Aristóteles lo hizo en el ámbito del realismo; mientras que, en la lógica esencial, Sócrates aportó los conceptos más contundentes y sensatos.

En ese periodo histórico griego, que abarcó hasta el siglo III a. C., la filosofía tuvo que convivir con el poder político y la religión oficial prevalecientes, en un acuerdo tácito en el que solo los grandes intelectuales y dramaturgos de esa época se atrevieron a cuestionar tangencialmente los mitos del Olimpo, de los dioses y de sus caprichos y concupiscencias; produciendo obras festivas, burlonas o trágicas, que dibujaban al panteón celestial con todos los defectos y pasiones incontrolables del hombre común, pero también con el poderío y la desmesura irracional de las autoridades terrenas.

En ese lapso, la filosofía aportó diversas e importantes opciones al conocimiento, sin embargo, no pudo dar respuestas suficientes a las interrogantes fundamentales sobre el abismo insondable del origen humano, la esencia del yo individual, la irremediable desaparición de esta vida y el destino del alma después de la muerte.

En el ámbito de los poderes religiosos y terrenales, tampoco se logró encontrar una opción que explicara el porqué de las pasiones desbordadas de los dioses, y de la violencia y la ambición incontrolables de reyes, gobernantes y guerreros, que tanto flagelaban a los pobres mortales.

Ese modelo teológico, filosófico y cultural helénico se refrendó en Roma, donde fue amalgamándose con la nueva religión cristiana, que se fortaleció y se oficializó plenamente en el imperio Romano Bizantino, para radicalizarse en el medievo, hasta convertirse en el nuevo dogmatismo teológico y en un absoluto y aplastante poder terrenal, que sustentó doctrinariamente su hegemonía en las interpretaciones que San Agustín planteó sobre las tesis de Platón, con el fin de incorporar de lleno a la filosofía en el universo dogmático de la religión católica y su dominio político. Siglos después, Santo Tomás de Aquino hizo lo propio con las teorías aristotélicas.

Así transcurrió ese periodo histórico en el que el idealismo y el realismo de la filosofía griega y sus intérpretes y exegetas eclesiásticos tampoco pudieron resolver las incógnitas de fondo en los temas ya planteados sobre el ser humano; pero sí incorporaron sus teorías doctrinarias al monopolio teocrático, para fortalecerlo y afirmarlo; justificando de ese modo el poderío terrenal, guerrero y financiero de la iglesia papal que había surgido en la Roma imperial como un movimiento religioso y social libertario en favor de los pobres, y que fue transformándose a través de las siguientes centurias, hasta convertirse en un creciente y abrumador aparato de control dogmático y terrenal que dio crecientes frutos de riqueza, dispendio y corrupción, pero también de brillantez artística y cultural, que se multiplicaron, para llegar a su apogeo en el Renacimiento subsecuente.

A partir de ese lapso, y durante varios siglos, la filosofía y las ciencias se sometieron o fueron aplastadas por la religión, con su poder político y sus defensores filosóficos. Por ello, en su momento, el gran pensador y revolucionario de la lógica y la filosofía, René Descartes, tuvo que hacer verdaderos malabarismos intelectuales con sus tesis sobre el conocimiento y la racionalidad, para no irritar al monopolio teológico, que ya había aniquilado a Copérnico, a Galileo y a tantos otros, por sus atrevimientos en el pensar y en el evidenciar lo que era obvio, pero que atentaba contra la "verdad oficial" que administraba la propia Iglesia, para así ratificar su "infalibilidad" en lo divino y en lo humano.

Así fue como, la estructura aplastante del dogma y de la fe y sus detentadores en nombre de la salvación del alma, continuaron controlando y defendiendo sus territorios de poder y manipulación, hasta que finalmente la libertad de pensamiento empezó a abrirse paso penosamente y solo en los ámbitos donde la verdad y la libre expresión de las ideas se podían apoyar en forma inestable, pero creciente, en los grandes intereses económicos y políticos de los reinos y señoríos del norte de Europa, que ya no toleraban la competencia y la opresión del tabú religioso, cuyo botín social y económico no estaban dispuestos a seguir compartiendo.

De esa manera se fueron gestando, primero la Reforma luterana y más tarde la Revolución Industrial; lo que permitió la apertura de la información, la comunicación y el comercio, todo lo cual ha sido, y sigue siendo indispensable para sostener al poder abrumador de los intereses hegemónicos y globales del dinero, de la producción y del mercado, cuyo símbolo más evidente es hoy el petróleo y su industria, que unidos simbióticamente desde fines del siglo XIX y hasta la fecha, se han constituido en los verdaderos dictadores mundiales, así como en los promotores de cuanta guerra, revolución o crimen les hayan sido útiles y provechosos para sostener su opresivo dominio.

Estas nuevas fuerzas económicas, de un modo u otro, fueron haciendo a un lado a los poderes terrenales de las iglesias, para convertir al mundo "civilizado" en un inmenso territorio de producción y de consumo, marginando también a la filosofía, que al perder su calidad de contrincante o justificante de un dogma religioso en declive, ya no tuvo argumentos suficientes para darse a valer ante una maquinaria industrial, que simplemente la ignoró, porque ya no necesitaba apoyo alguno por parte de esa ciencia filosófica, tan obsoleta y tan alejada de sus intereses inmediatos, que solo había prevalecido en un ámbito elitista, sin generar alternativas viables para descubrir los secretos de la raza humana, que al prevalecer en su orfandad, estaba cayendo en manos de la manipulación y de la explotación mercantil y mercenaria que se multiplicaba masivamente.

Como expresión singular de esa revolución intelectual y económica, en 1859, la teoría de Darwin, expresada en *El origen de las especies,* vino a asestarle uno de los golpes más severos al dogma religioso, a su inmovilismo institucional, y a las especulaciones filosóficas, al demostrar que decenas de millones de años, y el desarrollo y la mutación de la vida, habían transformado a los ajolotes subacuáticos en los seres humanos erectos, solo físicamente, que ahora compartimos este universo; lo cual fue una pesada lápida que vino a caer sobre el autoritarismo religioso y sus fantasiosos evangelios, que aseveraban exactamente lo contrario de lo que estaba probando contundentemente Darwin, mientras la filosofía prefirió enmudecer ante ese hallazgo científico, que jamás había vislumbrado.

Como resultado de esos antecedentes iconoclastas, las estructuras de la sociedad victoriana, que se sustentaban en las premisas mercenarias de la Revolución Industrial, y en una organización social clasista, autoritaria e intransigente a ultranza, empezaron a ser cuestionadas seriamente por las mentes más lúcidas de esos tiempos; como fue el caso de Sigmund Freud, que se iba a convertir en el descubridor de un nuevo continente intelectual, y del universo tan esperado de la comprensión de nuestros actos, lo cual ya había sido percibido e intuido en el mundo occidental desde los griegos, y que fue visualizado luminosamente en el oriente por Buda-Siddhartha, para continuar flotando en el transcurso de los siglos entre descubrimientos, mitos y tragedias alucinantes, como las shakesperianas; para seguir reiterándose en estudios médicos y sociológicos más recientes, hasta que surgió la aplastante revelación darwiniana y el gran cambio de paradigmas, milagrosamente plasmado a través de la teoría y la práctica del psicoanálisis freudiano, y es por eso que el propio Freud se autocalificaba como un "conquistador", tenaz y osado, ya que estaba "conquistando" por primera vez la verdadera libertad y el albedrío en la conducta del ser humano.

Así fue como emergió ese pequeño campeón, el David que iba a derrumbar al Goliat de las religiones junto con sus dogmas de control y manipulación de los miedos y de las contradicciones en la conducta humana.

Asimismo, esta nueva propuesta psicoanalítica se habría de confrontar con la ciencia filosófica, cuyas innumerables tesis nunca lograron explicar a cabalidad la esencia del ser humano, y menos el porqué de su errática conducta, sus inmensas contradicciones y su incapacidad para alcanzar un mundo más libre, equitativo y con un ámbito razonable de autocrítica.

En ese universo de grandes cambios, cuestionamientos y derrumbes, surgió Friedrich Nietzsche quien fue el antecedente más cercano, cronológica y ontológicamente, de la revolución intelectual y cognitiva que encabezó Freud; y aun cuando ambos personajes nunca llegaron a conocerse personalmente, la influencia de Nietzsche sobre el psicoanálisis es innegable, y la demolición que él encabezó de los mitos filosóficos y de las doctrinas religiosas le abrió el camino a Freud para sustentar sus tesis con mayor solidez y autoridad.

Un personaje como Nietzsche, tan contrastado en su pensamiento clarividente, y en su caótico devenir, también fue capaz de establecer y describir brillantemente los paradigmas que Sigmund Freud habría de hacer suyos, asumiendo la tarea de romper las cadenas de los dogmas históricos, para abrir el conocimiento a la verdad más íntima del ser humano, combatiendo al mismo tiempo su proclividad hacia la fuga y su profunda debilidad emocional. Para lograr lo anterior, Freud se apoyó en los planteamientos de Nietzsche y en el hallazgo científico de Darwin, desglosando igualmente los aspectos más singulares del devenir de la humanidad, junto con las luminosas propuestas de Buda-Siddhartha, para confrontar todo ello con los conocimientos filosóficos, los postulados religiosos y el tabú de las culturas ancestrales, en un análisis realista y objetivo que le permitió irse introduciendo en el ámbito aparentemente insondable en el que se hallan los actos del inconsciente humano.

Ese proyecto psicoanalítico cimbró a la sociedad decimonónica al ubicar su principal esfuerzo en el tópico más agobiante y secreto para dicha comunidad, que consistía en la sexualidad, ya que el sexo, en su esencia, es uno de los motores más poderosos de la conducta humana, cuyo impulso en ocasiones incontrolable y que puede ser calificado superficialmente como irracional y morboso, en realidad representa la expresión más vigorosa del origen físico del ser humano y de su necesidad afectiva y vital de asirse a sus raíces y a sus genes, que si es aceptada por la persona que así lo experimenta, pasa a ser una fuerza esencial, lúdica y gozosa que nutre y fortalece el camino hacia la armonía interior y el verdadero amor.

En esa nueva temática psicoanalítica, que se estaba confrontando con todos los paradigmas "intocables" de una sociedad inamovible, la comunicación verbal entre el paciente y el analista se presentó como una opción diferente e innovadora frente a la confesión religiosa católica, que somete al "pecador", con todas sus culpas y cuestionamientos, ante el confesor, que también es vicario del imperio divino que administra el cielo y la "salvación"; y que puede conceder el perdón y la gloria a aquellos que se humillan ante él, confesando sus peores conductas; para ratificar así su fe ciega en la institución eclesiástica, en su poder e infalibilidad, y sobre todo, en su capacidad de otorgarle "la vida eterna" a los obedientes y a los arrepentidos, aunque no sepan ni porqué "pecaron" ni qué fuerzas los dominan.

A diferencia de dicha confesión, el psicoanálisis no fue creado para perdonar ni para castigar; dado que su pretensión fue la de investigar y analizar las conductas irracionales e inconscientes de las personas, y para ello habría de excavar y desentrañar el porqué de los actos irracionales que dominan y someten a un número inmenso de seres humanos, que actúan como marionetas de un director escénico al que no conocen, pero al que tienen que obedecer ciegamente, y que los lleva a chocar consigo mismos, con su propio equilibrio y su posible liberación emocional.

Esta tesis freudiana, como todos los avances de la ciencia, se basó en antecedentes conocidos y probados, al tomar los elementos más convenientes y terapéuticos de la mayéutica confesional, rescatando también los cuestionamientos más lúcidos y recurrentes de las culturas griega y latina, de las enseñanzas budistas, y de los mitos y conductas arcaicas de comunidades primitivas, para encontrar en cada caso, las evidencias de posibles caminos a seguir, así como sus obstáculos; y con esos elementos hubo de construir un nuevo sistema de conocimiento, que en lugar de buscar sus respuestas afuera del ser humano las hallara en su interior.

En ese contexto, el psicoanálisis aparece ante el *statu quo* como la revolución, el anatema y como un auténtico sacrilegio, ya que el nuevo Galileo Galilei, nacido en Bohemia, estaba cuestionando el dogma religioso, y las especulaciones filosóficas, así como sus consecuencias de inmovilismo anímico y social; y ahora sí, hasta el fondo, sin temores y sin contemplaciones. Por esos motivos, la confrontación iba a ser definitiva y sin cuartel, dado que la tesis freudiana también se estaba apoyando en las "sacrílegas" doctrinas darwinianas que, al explicar y probar científicamente, y con evidencias indubitables, el milenario trayecto que tuvo que recorrerse para lograr la evolución de la especie humana, con ello desmoronaba el mito del Paraíso Terrenal y del pecado original, lo cual significaba una ofensa intolerable para el sistema y para las jerarquías victorianas, que se horrorizaron ante la posibilidad de perder su dominio sobre sus "incuestionables" dogmas y tabúes que habían sido ámbitos monopólicos de manipulación y de simulación encubridora de una dominancia social farisaica y con pies de barro, pletórica de soberbia, necedad y miedo a la verdad.

Freud estaba demoliendo el cielo y el infierno al penetrar en el mundo del yo interno, que es aparentemente irracional, pero que cuenta con una fuerza motriz y un poderío que sobrepasan a cualquier raciocinio y a cualquier lógica tradicional; lo que le permite imponerse al denominado "sentido común", a la reflexión "sensata" y al control de cada persona sobre sí misma.

Por todas esas razones, el psicoanálisis fue recibido como anatema y como subversión del orden divino y de los "principios morales" reconocidos por la jerarquía social, para ubicarlo como una forma directa de cuestionamiento y descalificación de los valores dogmáticos de la iglesia católica, que la acreditaban como dueña y rectora de la conducta del ser humano a cambio de ese "cielo prometido", de su "propiedad" y que solo puede ser alcanzado a través del complimiento de sus dictámenes "irrebatibles" sobre lo que es bueno o malo; cuáles son los "pecados", y cuáles las conductas que nos llevarán a ese Paraíso que la propia Iglesia inventó y que usufructúa en nombre de la "fe".

Sobre este tema religioso, es indispensable no perder de vista el origen y la base social de la doctrina cristiana, que fueron plausibles y respetables, y en su momento también revolucionarios, al sustentarse en el amor a la propia persona y a sus semejantes; reconociendo al hombre por su simple existencia, y sin discriminación alguna hacia los más pobres y desvalidos, en una identidad humana digna y respetable. En razón de ese enfoque tan equitativo, innovador y justiciero que planteó la existencia de un solo Dios, generoso e incluyente, fue que la nueva religión tuvo tantos adeptos en su enfrentamiento contra la abusiva y despótica Roma imperial, que se sustentaba en un panteón celestial amenazador, fantasioso y desmesurado. Sin embargo, durante el medievo, y como consecuencia de su creciente base social y del enorme poder terrenal que fueron adquiriendo las jerarquías religiosas cristianas, estas llegaron a caer en los mismos abusos y soberbia de cualquier otro reinado, hasta convertirse en el "poder de los poderes" que se adueñó del mundo occidental por muchos siglos, en los que, endureció el "dogma" y el control del espíritu humano; todo ello en favor de sus propios intereses económicos y políticos.

Con esa nueva visión fundamentalista y excluyente, la Iglesia utilizó todos sus instrumentos de autoridad para aniquilar a sus enemigos, y para someter a los "creyentes" a una dependencia mágica e inapelable, y a un control de actuación que le permitieron adueñarse del monopolio de la esperanza en la "vida eterna", que imponía el más absoluto dominio conductual sobre millones de seres humanos, cuyo único camino para la "salvación" era el de resistir y aceptar todas las injusticias y los abusos mentales, físicos y hasta sexuales del poder divino y terrenal, con tal de formar parte de esa gran estructura y de la identidad colectiva que los definía como miembros de la cristiandad, lo que les permitía deshacerse de sus responsabilidades individuales y colectivas, al incorporarse a un ente común que los habría de defender de sí mismos, de sus miedos, del horror de sus contradicciones y de su capacidad de autodestrucción; todo ello a cambio de una obediencia incuestionable, de un sometimiento ciego a los preceptos de la fe y, por supuesto, a la entrega de los diezmos, y a la compra obligada de las indulgencias "celestiales" que habrían de mantener y enriquecer a ese inmenso aparato religioso, que nunca ha resuelto ninguno de los abismos insondables del hombre, ni las enfermedades o la injusticia y la guerra, porque ese sometimiento y esa rendición incondicional no han sido planteados en la doctrina cristiana para dar resultados comprobables en la Tierra, pero sí, en cambio, habrán de llevar a los "fieles" hasta la vida eterna, siempre y cuando obedezcan ciegamente a su congregación, sin atreverse jamás a ingerir el fruto evangélico "del árbol de la ciencia del bien y del mal", que en su momento le costó a toda la humanidad creyente la pérdida del Paraíso, sin siquiera haber "pecado", lanzándola en forma inmisericorde y sin previa culpa a este "valle de lágrimas", que tan exitosamente han administrado los poderes divinos, así como sus socios y competidores terrenales.

Las jerarquías políticas y económicas también calificaron al psicoanálisis como un método fantasioso y subversivo, dado que, según ellas, atentaba contra su autoridad al cuestionar y exhibir las patologías individuales y sociales de una comunidad que estaba sometida a ese sistema de control, despótico y arbitrario, que prácticamente no se había modificado en milenios; en el que las personas y la riqueza eran administradas y explotadas por una minoría de individuos que manipulaban las debilidades y la ceguera de las mayorías poblacionales, a cambio de un universo de protección y de paternalismo abusivo, refrendando así un modelo que ha sido repetitivo e invariable en la historia, y que ha llegado así hasta el día de hoy, como puede observarse con toda claridad en los casos de regímenes políticos y económicos que seguimos padeciendo, en los que el capitalismo salvaje, el comunismo dogmático, y el islamismo fundamentalista agreden y saquean, en forma despiadada, a la población que los soporta, como si nada se haya logrado en su rescate.

Esa esencia manipuladora y explotadora de la orfandad emocional y afectiva de las grandes masas, ha ido cambiando de máscaras y de vestimentas para refrendarse en forma abrumadora en la sociedad de consumo que hoy vivimos; en la que se "es" y se "existe" si se adquieren los bienes, muchas veces innecesarios y superfluos, que ese sistema produce y comercializa masivamente, y si se obedece ciegamente a la publicidad comercial que nos impone sus modelos y conductas a seguir, que supuestamente nos permitirán alcanzar un momentáneo y elusivo "cielo prometido" que automáticamente se convierte en un infierno de adicciones y en un círculo vicioso de consumo, repetitivo e insaciable, que nunca logra llenar sus vacíos y sus apetitos insatisfechos.

Frente a este embate aplastante de quienes nos esclavizan y nos masifican a través del consumo irracional, solo podrán escaparse quienes alcancen a fortalecer su autoestima y sean capaces de identificar y neutralizar a las fuerzas omnipotentes del inconsciente que nos compelen a ejercer compulsivamente esa forma de fuga de nosotros mismos; y para ello, el único instrumento con el que cuenta la cultura actual es el psicoanálisis; razón por la cual, su reconocimiento y aceptación son impensables para los fariseos contemporáneos, que ofician el magisterio de la mercadotecnia y el consumo irracional.

Para cerrar este círculo de comprensión sobre el gran cambio que ha representado el psicoanálisis, es necesario confrontarlo también con la última parte de la saga filosófica, que se ha venido expresando a través de las aportaciones de los representantes más recientes de esa ciencia, que a pesar de todas sus pretensiones de profundidad y clarividencia, nunca pudo alcanzar sus propuestas, al no tener la capacidad de explicar, de manera indubitable, las abrumadoras incógnitas sobre nuestro ser y sus orígenes, la razón de nuestra presencia en el mundo, y el abismo insondable del más allá y del infinito.

Esa incapacidad intrínseca, y ese fracaso histórico, quedaron evidenciados en las conflictivas premisas sobre la ética, la estética y la religión, de la filosofía existencialista, cuyo antecedente más notable fue Sören Kierkegaard, para que posteriormente Jean Paul Sartre y Albert Camus se constituyeran en los protagonistas de la liquidación de un devenir filosófico que al no cumplir sus metas, terminó tratando de sostener un "conductismo" humano culpígeno, contradictorio, voluntarioso y francamente superficial e intrascendente, que se expresó en la frustración de la "náusea" sartreana; que fue una forma coyuntural de plasmar el insoportable sentimiento de culpa de la comunidad intelectual francesa, en razón del gran fracaso humano y social que se vivió con motivo de la irracionalidad criminal, la trágica heroicidad, y la vergonzosa cobardía en conductas individuales y colectivas, que se evidenciaron con una crudeza apabullante con motivo de la Segunda Guerra Mundial.

Ya en el ocaso de la filosofía, y en esta etapa contemporánea del mundo occidental, también las religiones han quedado acotadas de su pasado monopólico y aplastante para prevalecer solamente como opciones de fe, que pueden ser aceptadas o negadas con más libertad y sin tantas amenazas ni castigos bíblicos, y por tanto, su calidad totalizadora ha ido menguando, mientras su fuerza terrenal y económica también ha disminuido aceleradamente frente al agnosticismo religioso y al endiosamiento de las nuevas opciones consumistas, mientras el medio oriente musulmán retrocede hacia un primitivismo dogmático excluyente intransigente y feroz, exacerbado por la implacable dictadura multimillonaria de los dueños del petróleo, que promueven esas regresiones en aras de sus intereses mercenarios.

Igualmente, la inmensa mayoría de los poderes políticos terrenales, expresados en gobiernos de cualquier denominación o doctrina, han sufrido una erosión incontenible; que los ha convertido en verdaderos castillos feudales, cercados y asediados por una comunidad insurrecta e ingobernable que cuestiona, deturpa y descalifica al poder y a sus representantes, que cada vez son más repudiados y exhibidos por una masa irreverente que no les perdona su arrogancia, su ineptitud y su recurrente corrupción, que se apodera del trabajo y del dinero que producen los individuos y los pueblos, para despilfarrarlos, generando expectativas de protección social y de progreso que constantemente terminan en fraudes colosales, como los que hoy azotan a tantos países, como el nuestro. Esta realidad se repite y multiplica en muchas naciones, en razón de la compulsión depredadora de los poderes que las gobiernan y de la contradictoriedad de quienes son sus víctimas, que abominan de sus verdugos, pero que finalmente no cuentan con la fortaleza anímica necesaria para librarse de ellos.

En esa debacle, el poder económico de la producción masiva y del aplastante mercado de consumo ha logrado sobrevivir y sigue prosperando, mientras domina y explota a grandes sectores sociales, sobre todo a los más manipulables, en razón del atractivo tan excitante y morboso de sus ofertas consumistas, que convocan a las fuerzas del deseo irracional y a la fuga de la realidad, sustentándose en los aplastantes dogmas de la mercadotecnia, que someten a la esclavitud y al servilismo de dicho consumo a quienes ya no tienen otros paradigmas o esperanzas, y que por lo tanto, solo les queda doblegarse ante esas fuerzas omnipresentes que les prometen una identidad colectiva, así como placeres inmediatos y efímeros, vinculados directamente con el mundo subliminal de una gran masa humana que se somete a esa explotación enajenante, pero que también, en forma contradictoria, ha ido inoculando a sus nuevas generaciones con el virus del repudio contra sus explotadores comerciales, que tanto les ofrecen y que nada les resuelven, en una muestra más de la bipolaridad que sufre permanentemente nuestra sociedad.

Como puede verse, las opciones mercenarias que pretenden dar respuestas consumistas a la angustia vivencial y a la necesidad de fugarse de una realidad insoportable e inmanejable, tampoco han generado solución alguna. Sin embargo, sí han propiciado nuevas generaciones enajenadas a cualquier alternativa escapista o a cualquier corriente anarquista o iconoclasta; aunque ninguna de ellas tenga algo que aportar porque carecen de opciones que no sean la destrucción del ser humano y de sus valores intrínsecos, que habrán de compartir víctimas y verdugos.

Frente a esta nueva realidad, con sus retos y profundas contradicciones, la visión simplista que descalifica y encasilla al psicoanálisis como una terapia primitiva y selectiva para las neurosis; o para conductas patológicas que aún no han llegado a los límites de la locura; o que ve a la interpretación de los sueños como una expresión moderna de la magia negra o de la brujería medieval, se queda en un territorio de comprensión miope y elusivo, semejante al de aquel que rechaza cualquier solución, por el hecho de que no la entiende, o que le produce un miedo irreflexivo que solo le permite responder con negación y cerrazón a lo que tanto teme y a lo que está fuera de su comprensión.

El psicoanálisis es algo muy distinto a lo que esos detractores le imputan, dado que consiste en una verdadera exploración de territorios virtuales, oscuros e intocables de cada persona; en los que factores genéticos y culturales de muy lejano origen, así como experiencias personales tempranas que no pudieron procesarse, se anidan en forma semejante a las partículas que penetran en el interior de una máquina, incrustándose en sus eslabones, en sus ruedas y pistones, para irlos erosionando y dislocando. O que pueden equipararse también a los componentes moleculares de las materias primas de dichas máquinas, cuyas características esenciales pueden dar lugar a fatigas estructurales que llegan a propiciar su destrucción o quebrantamiento.

La esencia de ese planteamiento psicoanalítico, se ubica en la conducta humana; la cual se compone de un nivel consciente, que refleja las capacidades y limitaciones de cada individuo, y de otro estrato inconsciente, cuyo sedimento, profundo y secreto, lo impulsa y lo obliga a actuar y a reaccionar sin saber porqué, y es en ese ámbito incognito y no asumido donde se concentra dicha tarea psicoanalítica, en su calidad de instrumento para la comprensión de un "yo" tan soterrado, incomprensible y poderoso.

Para ratificar el valor de estas afirmaciones, es muy útil recordar los orígenes de la saga milenaria que ha buscado la comprensión del "yo" y tener presentes las tesis humanistas de Sócrates y sus cuestionamientos mayéuticos basados en el conocimiento de sí mismo, que siguen siendo indispensables para encontrar la verdad en el propio ser humano, todo lo cual ha sido tan amenazante para los poderes constituidos; como ocurrió precisamente en la tragedia histórica que sacrificó al propio Sócrates y lo llevó al suicidio inducido por el delito de "lesa majestad", de atreverse a cuestionar los dogmas del poder; y para que no hubiera duda alguna de la razón de su muerte, se le condenó por supuestas conductas de corrupción, que eran aceptadas en esa sociedad de manera cotidiana para cualquier otro que no fuera el filósofo disidente, demostrando con ello, que el castigo que la autoridad aplica con más contundencia es aquel que va dirigido contra cualquier conducta o método que la cuestione, o pretenda liberar al individuo y a las masas a quienes manipula y esclaviza.

Esas mismas premisas socráticas son el sustento y la base de las tesis freudianas que también coinciden y se inspiran en las enseñanzas del sabio Buda-Siddhartha, que entre los años 563-483 a. C., planteó una propuesta visionaria de introspección y autoanálisis, con objeto de aclarar y conciliar las contradicciones internas del ser humano, para así alcanzar la luminosidad del saber y el entender, accediendo al "nirvana", que consiste en un estado anímico ideal, en el que las compulsiones y los "deseos" irracionales se someten al equilibrio de las fuerzas que forman esa individualidad ya identificada.

Esas tesis budistas fueron rescatadas con gran acierto por Arthur Schopenhauer en el siglo XIX, lo cual no impidió ni modificó la erosión de las teorías originales, que ya se habían venido deteriorando a través de los siglos, hasta convertirlas en otra religión que endiosa lo que debería humanizar, y que busca la permanencia y la fortaleza de su congregación a través de liturgias y estructuras de un poder terrenal, como tantos otros.

Las aportaciones fundamentales de Sigmund Freud y su psicoanálisis al progreso de la humanidad, que tienen una gran analogía con los postulados originales de Buda-Siddhartha, y que por ser tan profundas y comprometedoras, todavía no han sido valoradas en toda su dimensión ni se les ha dado la importancia que merecen; razón por la cual es necesario confrontarlas con todos los fracasos a los que hemos hecho referencia, y que provienen de una cultura universal verdaderamente esquizofrénica que puede llegar a la luna y avanzar en la tecnología a una velocidad de vértigo, mientras los daños irreparables de las patologías sociales e individuales, que no han cambiado en milenios, se repiten a diario en un entorno de violencia demencial y de atraso abismal a través de las conductas de verdugos y de sus víctimas, quienes hasta la fecha, siguen aceptando toda opción aniquilante y humillante que provenga de aquellos que las flagelan y las violentan, con tal de no hacerse cargo de sí mismas, mientras se niegan a reconocer y a entender el fondo y las razones de su inconsciente, que es el único camino para rescatar su identidad, su autoestima y el derecho a su plena integridad.

Esta forma de actuar y de eludir, se podría definir también como un bloqueo mental generalizado, que es propiciado por una cultura histórica tradicional y milenaria, con sus grandes poderes manipuladores que solo conceden el crecimiento y la prosperidad hacia afuera del ser humano, pero que nos impiden y bloquean obsesivamente la realización de cualquier esfuerzo promisorio en el ámbito de la búsqueda interna de cada persona, que pueda liberarla de esa dinámica tan destructiva y sadomasoquista en la que los verdugos son a su vez víctimas, y quien humilla a los demás o los despoja de sus bienes, igualmente repetirá ese síndrome como víctima en algún otro aspecto de su persona o su conducta; todo ello en un devenir desgastante y humillante, en el que todos salen dañados, generando un círculo vicioso reiterativo e inacabable.

Como ejemplo de lo anterior, vemos a diario masacres genocidas y abusos recurrentes del poder; al igual que el saqueo inmisericorde que imponen los tiburones de la economía y la polución criminal, que nos despojan y envenenan gracias a la colusión del dinero y la política; y así podríamos continuar, pasando por la pederastia, la trata de personas, la violencia demencial contra mujeres, niños y ancianos, cuyos ejemplos los tenemos a diario, sin que esas lacras puedan ser enfrentadas masivamente y resueltas de una vez y para siempre.

La misma Iglesia católica ha dado ejemplos lamentables de ese doble lenguaje y de ese fracaso permanente al encubrir a verdaderos monstruos de maldad, que históricamente fueron protagonistas de muchas etapas del papado, hasta llegar a nuestros días, en que el sacerdote Marcial Maciel levantó un imperio financiero y educativo que le propició su impunidad en el ejercicio de las peores aberraciones sexuales, y lo encubrió durante décadas en razón de los inmensos recursos económicos y humanos que aportó a su Iglesia, y cuyo ejemplo de pederastia se ha evidenciado y multiplicado para convertirse en un verdadero alud, que tuvo que contenerse con la renuncia de un papa distante y dogmático, y la entronización de un nuevo pontífice más humano y sensible.

Estas pruebas irrefutables de la enfermedad psíquica que padecen las grandes instituciones y la humanidad contemporánea, nos ratifican ese mundo esquizofrénico de avances científicos tecnológicos y de salud física, en medio de la prevalencia de las formas más degradantes y primitivas de autodestrucción y brutalidad, que a diario sufrimos sin encontrar el camino para resolverlas.

La alternativa psicoanalítica

En ese universo tan contradictorio y cuestionado que ya hemos expuesto, lo primero que hizo Sigmund Freud fue dar respuesta a la incógnita que nadie había podido resolver, proponiéndonos que dejemos de buscar en el exterior la solución que solamente encontraremos dentro de nosotros mismos.

Esa nueva opción psicoanalítica, como ya se ha señalado, desató una gran polémica, con enconadas posturas de defensa o descalificación, y frente a todo ello, el autor de este libro solo pretende ofrecer una perspectiva más, desde el punto de vista de alguien, que si bien ha dedicado una parte de su vida profesional a la investigación social e histórica, no es psicoanalista, ni psicólogo, ni médico, pero que en su caso tuvo la oportunidad de transitar durante décadas por un largo proceso de psicoanálisis; el cual se inició como una terapia común, para irse convirtiendo en un proyecto toral de investigación en el que habiendo sido en un principio, el "material" o el "objeto" de dicha tarea, se pudo transformar en investigador de sí mismo y de todo su entorno, convirtiéndose en protagonista y conductor paralelo de un análisis introspectivo que rebasó sus expectativas iniciales, para trascender al estudio del mundo emocional y racional que nos ha tocado vivir; con lo cual ha podido vislumbrar el potencial terapéutico y social del psicoanálisis.

En ese campo de investigación y de experimentación, el primer postulado que se tenía que asumir, consistió en la aceptación plena de la responsabilidad individual e intransferible que cada uno debemos enfrentar ante nuestra guerra interior y nuestra incapacidad de resolver muchos de los problemas que se nos presentan, que en la mayor parte de los casos, nosotros hemos ido creando, sin saber por qué, ni de dónde vienen. Esta confrontación traumática, generalmente nos conduce a culpar a los demás de nuestros males, o a buscar la protección y la acogida de cualquier organización o institución externa que prometa rescatarnos de nuestra impotencia y temores.

Otro tema fundamental que era necesario valorar y entender fue el que nos ofrecen las adicciones, que siempre nos asechan y que tanto nos fascinan, porque a través de ellas podemos fugarnos con gran facilidad de nuestra realidad, para introducirnos en esos paraísos temporales y artificiales donde millones de humanos se refugian, quebrantando así su voluntad, su salud y finalmente su vida.

En ese camino para identificar los dogmas de evasión que nos fueron impuestos, tuvimos que reencontrarnos con la religión católica, que desde un principio había sido nuestra única opción, con todo su reiterado modelo milenario que ofrece la gloria eterna a cambio de la incondicionalidad de la fe, la entrega del diezmo y la sujeción a esa autoridad, que se ostenta como única dueña del más allá, aun cuando en este mundo no sea capaz de contener la injusticia y el abuso cotidiano que tenemos que asumir y tolerar, porque en este "valle de lágrimas" esos temas no habrán de resolverse.

Al poder público, tan aplastante y abrumador en nuestro país desde sus más remotos orígenes, también fue necesario irlo entendiendo y valorando en su omnipresencia aplastante, que ofrece protección, servicios públicos, personalidad colectiva, patria y bandera; así como celebraciones y ceremoniales que lo subliman y enaltecen, pero siempre a cambio de un costo aniquilante de negación individual, de encubrimiento o de complicidad ante su corrupción inveterada que todo lo envilece, a lo que hay que agregar el pago de sus múltiples exacciones legales e ilegales, cuyo destino ha sido siempre el derroche y la malversación, todo lo cual finalmente deviene en frustración y en rechazo, como el que hoy vivimos masivamente en este país, y que parece no tener fin ni solución, en razón de la contradictoriedad autodestructiva que ejercen las mayorías, que repudian un sistema al que al mismo tiempo solapan y sostienen, por conveniencia o por temor.

Otro factor de la mayor importancia fue el del consumismo farisaico de la nueva mercadotecnia, que ofrece una gran variedad de paraísos mediáticos, de acceso inmediato, y donde cada individuo se puede entregar a una enajenación solitaria o compartida, como es el caso de las nuevas formas de comunicación a distancia, denominadas "redes sociales", donde la cercanía real y el contacto personal se pierden en aras de un encuentro virtual, múltiple, fugaz y elusivo; que si bien ha ido sustituyendo al corrupto y manipulador sistema mediático tradicional, generando una gran libertad de información, también permite exabruptos, calumnias y conductas irresponsables que alejan a la persona de su esencial relación humana, de la reflexión introspectiva y de la autocrítica, que es fundamental si se quiere dejar de culpar a los demás de lo que nosotros mismos somos responsables.

Otros ejemplos de estos medios de fuga y elusión que nos acechan cotidianamente, los encontramos en el abuso escapista de expresiones musicales totémicas y repetitivas, de profundas raíces primitivas. O en la identidad pasiva y colectiva de la afiliación obsesiva y absorbente al deporte; que tiene como expresión masiva y abrumadora al fútbol, que es al mismo tiempo un pantano de inmoralidad, especulación y cinismo, pero también la única y verdadera religión laica, universal y multitudinaria que llega a convertirse en su nueva Jerusalén, junto con la televisión comercial, en cuya pantalla cualquiera puede penetrar, hundirse y disociarse de sí mismo, asumiendo sus mensajes degradantes y escapistas, que manipulan, trivializan y confunden; todo ello a cambio de someterse a las reglas de su mercadotecnia inductiva, que es mucho más productiva y eficiente que los diezmos y las exacciones fiscales.

Como fruto de todos estos amagos, sujeciones y ofertas tan tentadoras, debemos reconocer que los seres humanos, en abrumadora mayoría, hemos caído de un modo u otro, en las trampas de la fuga, cuya dinámica enajenante genera una fuerza centrífuga que se alimenta a sí misma, multiplicando su motricidad; y que lleva al enajenado a hundirse cada vez más y a mayor velocidad, en un torbellino que separa y segmenta sus componentes básicos, quebrantando la integridad y la voluntad de quienes padecen dicho asedio.

Frente a este panorama tan negativo de huidas y elusiones, que se pretende ignorar mientras se le alimenta, surge el psicoanálisis, que aparece como un método alterno para encontrar respuestas liberadoras; pero con una variable fundamental, que consiste en la obligación personal e intransferible de reconocer, identificar y enfrentar al yo interno, mediante una actitud responsable y de compromiso permanente, cuyas premisas son radicalmente opuestas al paternalismo tradicional de las autoridades religiosas, políticas y económicas, que han operado permanentemente para debilitar y para enajenar; para encubrir y para disfrazar.

Dicha tarea psicoanalítica, que se apoya fundamentalmente en la búsqueda y en el enfrentamiento con la verdad interior, en lugar de aspirar al perdón del más allá y de sus vicarios, lo que procura es el reconocimiento de las conductas propias, no para huir de ellas sino para identificarlas, para conocer su origen y el porqué de su contradictoriedad autodestructiva que muchas veces se expresa como una fuerza incontrolable que viene de nuestro interior y nos avasalla, obligándonos a actuar de manera compulsiva, como si una descarga eléctrica se apoderará de nuestro sistema nervioso, de nuestra voluntad y afectos, obligándonos a conducirnos en forma enloquecida o absurda.

Esa fuerza profunda y no asumida, que aparece en nuestra realidad para sujetarla y obligarla a obedecer ciegamente, sin importar el daño que esto nos infiera, y que se le ha denominado "el inconsciente", es otro tema fundamental del proceso psicoanalítico, cuyo objetivo esencial es el de sumergirse en el mundo subliminal de cada persona para identificar las conductas que ese "inconsciente" propicia, y las compulsiones que constantemente genera; para que así vaya surgiendo una nueva comprensión, que nos permita convivir con esa dinámica; que pasará de ser la de un contrincante interno, para convertirse en la de un aliado integrador.

Dicho "inconsciente", tan oscuro y temido, en el momento en que se le limpia y restaura en su maquinaria interior, rescatándola de las sombras donde está sumergido, para que pueda expresarse y contar su propia historia; es entonces cuando adquiere una dimensión distinta y manejable; como le ocurre a cualquier fantasma cuando lo ilumina la luz de un sol radiante.

El proceso psicoanalítico, como ya se ha dicho y lo debemos enfatizar, se plantea a través de un método de libre expresión de lo que se vive y de lo que se siente, para así ir soltando las amarras del fingimiento y el encubrimiento de lo que es nuestro verdadero mundo interno, emocional y afectivo; que recibimos genéticamente desde nuestro nacimiento, junto con tantas experiencias iniciales soterradas que encerramos y guardamos en el fondo del mundo interior propio, para que nadie, ni nosotros mismos podamos saber lo que somos, lo que ocultamos y lo que encubrimos.

En el tránsito comunicacional del psicoanálisis, la verbalización de lo cotidiano nos va conduciendo poco a poco, y en forma aparentemente inconexa, hacia los sedimentos de nuestra genealogía y de impactos emocionales traumáticos y primarios; así como a restos de conductas realizadas, pero no reconocidas ni aceptadas, para también irnos acercando a los sueños, con sus mensajes crípticos y libertarios; y a todo un almácigo de angustias y temores; de un yo al que le hemos huido, y al que ocultamos, maquillamos o disfrazamos ante el miedo cerval de tener que reconocerlo y asumirlo.

Por ese sendero y con ese caudal de expresiones aparentemente inconexas, se comienza a abrir la ruta al inconsciente que habremos de transitar mediante una serie de "partos" mayéuticos que dan a luz las expresiones más primarias, y los componentes genéticos más profundos.

En esa tarea de exploración hacia "el centro de la tierra humana" se va dando el camino del psicoanálisis, y el rescate de ese inconsciente tan temido y a su vez tan necesario para encontrar el equilibrio emocional y la paz.

Tal es el camino de libertad que plantea el psicoanálisis, que promete ser duro y empedrado, y que requiere de convicciones y compromisos de responsabilidad y de trabajo por parte de quien va a analizarse; que en un principio podrán ser poco claros, pero sí básicos e indispensables para afrontar esa tarea, que puede irse consolidando si se cuenta también con la solidez y la vocación inquebrantable del analista, que habrá de llevar al paciente de la mano, con la fuerza y la firmeza que son indispensables para transitar a través de los laberintos de lo oculto; y de ese modo, y a lo largo de una actividad cotidiana perseverante e incansable, se comience a desentrañar la mecánica del propio sistema interno y sus componentes, mediante una serie de "descubrimientos" que permitirán llegar hasta los grandes sedimentos del yo interno; para restaurarlos y rescatarlos, haciéndolos emerger hacia la luz y hacia una comprensión integradora y gratificante.

Es como volver a reconstruir y a ordenar nuestra máquina vital, que en su interior estaba enfrentando una contradictoriedad caótica, que la llevaba a boicotearse a sí misma en razón del desorden y del choque entre sus componentes, cuya esencia no es posible variar, pero que sí se puede ir organizando y alineando, ya que esa es la mejor forma de reparar tal estructura, hasta lograr que trabaje de manera armónica y congruente.

Este método, tan comprometido y sacrificado, pero también tan seductor y gratificante, es el que nos permite entender a Freud cuando se autocalificaba como un "conquistador", teniendo en ello mucha razón, ya que su método lo creó para conquistar la verdad de lo que somos; pero también fue un extraordinario "descubridor", en virtud de que su sistema tiene todas las características de un proceso de descubrimiento, en el que su aplicación va develando lo oculto y va encontrando lo desconocido. Y como su objetivo no es el de convertirnos en personas esencialmente distintas a las que realmente somos; ni el de cambiar del mal al bien al conjuro de una magia dogmática e incomprensible, el proyecto va tomando sentido y lógica conforme los avances se van acercando a los postulados de la verdad, de la comprensión, y del equilibrio emocional, que son valores esenciales para el desarrollo humano. Todo ello dentro del ámbito de la lógica y el sentido común.

Si pudiéramos utilizar un símil sencillo y accesible, el psicoanálisis se asemeja a un descenso virtual y profundo hacia una zona negra y oscura de cuevas, celdas y mazmorras, donde se hallan encadenados los antecedentes genéticos, y las experiencias y los golpes emocionales más tempranos que no se expresaron en su tiempo, ni habían podido salir de esa oscuridad, ni tuvieron la libertad de compartir ampliamente sus demandas. Pero en cambio, sí contaron con la capacidad de mover hilos y cables secretos de nuestro yo interno, para finalmente convertirnos en sus marionetas involuntarias.

Ese proceso de ingestión y sedimentación de dichas experiencias traumáticas y soterradas se inicia desde el nacimiento de un ser humano, que no tuvo forma de expresarse en el momento de recibirlas, ya que el niño, que es el receptor primigenio, no puede ni sabe hablar, solo llorar. Más tarde, cuando esa criatura ya es capaz de comunicarse, muchas veces no la dejan expresarse, porque ello significa chocar con una autoridad paterna y materna, que no se acepta a sí misma y por lo tanto no tolera la crítica a su propia conducta, rechazando cualquier reclamación que la confronte. En esa misma forma y durante la vida cotidiana de cualquier persona adulta, se habrá de repetir ese proceso de censura por parte de cualquier poder establecido, que reprime y descalifica a todo aquel que se atreva a cuestionarlo.

La interpretación de los sueños es otra parte fundamental del psicoanálisis, ya que en ellos se encuentra instalado una especie de sistema telegráfico o una clave morse, que nos envía mensajes desde el inconsciente, en algunas ocasiones con cierta transparencia, y en otras de manera confusa o críptica; produciendo, de ese modo, la siguiente opción laberíntica de comunicación desde dicho inconsciente, que se expresa, junto con sus demandas, hacia el mundo de lo racional.

Cuando esos sueños afloran y nosotros nos atrevemos a observarlos y a interpretarlos, se va construyendo una red de intercomunicación que aclara lo que no entendíamos, y nos permite recordar lo que temerosamente habíamos pretendido olvidar.

En la dinámica cotidiana de ese proceso, los tiempos de lo oculto no son los nuestros, ni sus respuestas tienen que ser obligadas porque esos sedimentos vivenciales no están inventariados cronológica ni temáticamente, de acuerdo con nuestros parámetros racionales, y por ello dichas respuestas son impredecibles en el tiempo y en los temas que se van a ir develando; razón por la cual, el trabajo psicoanalítico tiene que ser respetuoso de esos "territorios" y sus "temporalidades", que no habrán de ser nuestros hasta que ellos lo decidan y nosotros aprendamos a encontrarlos e identificarlos.

En esta tarea psicoanalítica, no se trata únicamente de entender en forma racional y lógica los motivos del inconsciente para establecer el diagnóstico de dicha patología y así resolverla intelectualmente, ya que ese no es el camino del cambio y de la reconstrucción del yo interno, que no está estructurado bajo premisas racionales y, por lo tanto, no obedece a la comprensión lógica porque no se formó en ese campo ni se debe a tales elementos constitutivos, puesto que proviene de impactos genéticos no pensados ni asumidos, y de experiencias emocionales tempranas que nada tienen que ver con la razón, y sí mucho con la intuición y el sentimiento. Por ese motivo, el camino de la solución se tendrá que dar mediante el método de la libre expresión; de la verbalización sin cortapisas, y de la asociación intuitiva entre las experiencias cotidianas y los recuerdos traumáticos que solo así se podrán liberar; desde su profundidad y su negación.

El proceso psicoanalítico, como toda investigación, puede tener avances más o menos importantes, de conformidad con las capacidades del analista y del paciente. Sin embargo, lo que sí es seguro, es que esa tarea no tiene fin, ya que la vida siempre es más corta que el material que podamos ir conociendo y asumiendo, y los cambios que vayamos logrando.

En esa realidad ineludible están también los incentivos y la razón de dicha tarea, dado que siempre habrá un reto pendiente y un tema inconcluso que nos moverá a seguir adelante para continuar "conquistando" y "descubriendo" la paz y el equilibrio emocional, que es lo que más se puede parecer a un cielo que nunca alcanzaremos porque no existe.

De esa manera es como el sistema psicoanalítico va funcionando, hasta que un día, súbitamente, lo que parecía imposible de resolver, o está resuelto, o ya no tiene la importancia que creíamos, porque ha sido superado; y de ese modo, se va reconstruyendo la autoestima, que irá sustentándose en lo que cada quien es, sin querer convertirse en "algo", o en "alguien" distinto, puesto que ha logrado apoyarse en un simple y equilibrado reconocimiento de sus verdaderas virtudes y limitaciones, lo que le genera espacios cada vez más amplios de tranquilidad y de paz espiritual como consecuencia de la progresiva aceptación de uno mismo, que es el premio más extraordinario que un ser humano puede obtener en su vida, aun cuando este llegue al final de ella.

Los retos que se van presentando en este proceso no son pocos ni fáciles, ya que el ir descubriendo que no es necesario sumarse a una identidad externa para ser "alguien" que no somos, también nos lleva a definirnos a nosotros mismos en nuestra verdadera ubicación, lo que implica cambiar de objetivos y reconocer a ese "alguien" propio, tal como es, aceptando las limitaciones que cada uno de nosotros enfrentamos. Pero esas limitaciones, por grandes que sean, si se asumen con objetividad, nos demostrarán que el equilibrio habrá de darse dentro de uno mismo; lo cual indica, además, que para vivir en paz no es necesario ser ese "alguien" impuesto o fingido, que quizá nunca nos pertenecerá, al que realmente no necesitamos, y que inclusive nos estorba.

De igual manera, la búsqueda de una personalidad colectiva tan ansiada y al mismo tiempo tan repudiada por nuestra contradictoriedad va dejando de ser importante, lo que nos permite convencernos de que esos deseos irracionales no van a producir solución alguna, en razón de que las estructuras externas de poder y dominancia, en la mayor parte de los casos, se hallan sustentadas en una inmensa pirámide de carencias individuales y de manipulaciones perversas y patológicas que, todas juntas, si bien pueden lograr la generación de dinámicas, aparente y momentáneamente impactantes y gratificantes, la multiplicidad de sus elementos negativos, que solo simulan ser positivos, nunca podrán resolver ni transmutar lo que no puede sostenerse en sus propios valores; sobre todo cuando estos no existen o son falsos, efímeros y coyunturales.

En esa búsqueda de identidad a través del psicoanálisis, la persona puede ir alcanzando su equilibrio y su tranquilidad en el ámbito en el que le ha tocado vivir, que no es necesariamente el que las manipulaciones externas le quieren imponer; y un ejemplo de ello puede ser el caso de un artesano que goza con intensidad su vocación y la ejerce con maestría y orgullo; lo que le permitirá estar mejor ubicado frente a sí mismo y ante su comunidad, que el político prevaricador que no se va a satisfacer con todo lo que saqueé, porque su vacío y su voracidad patológica no los va a colmar jamás, ni con el botín más cuantioso, que solo lo habrá de definir como un depredador compulsivo; un permanente farsante insatisfecho y un auténtico fracasado, al que su comunidad desprecia y critica, aunque aparentemente lo alabe y le rinda pleitesía para así explotarlo.

En razón de estas premisas, el proceso de análisis interno y personal siempre acaba comparando la realidad propia ya lograda, con las imágenes externas de un entorno de antivalores, de saqueos, de injusticia y de abusos, que poco a poco vamos entendiendo para ponerles distancia, ya que nada bueno nos dará su cercanía en razón de su misma compulsión por devorar y destruir, que necesariamente tendrá que ir desmantelando y descalificando su propio modelo, que día con día habrá de irse erosionando, hasta entrar en crisis, exhibiendo de esa manera sus carencias y sus contradicciones, en un círculo vicioso en el que la propia comunidad enajenada repite el modelo aprendido y entroniza a quienes después va a deturpar y a descalificar, en virtud de que están evidenciando las lacras que esa sociedad y sus miembros generan, pero que no quieren asumir, porque tales conductas los descalifican y los confrontan; por lo cual ese proceso repetitivo elusivo y adversarial se va convirtiendo en un enorme desgaste colectivo, que devora tanto a sus dirigentes como a sus cómplices y encubridores, en una dinámica cotidiana de la que cualquier persona sana buscará disociarse, o por lo menos marcar distancia, para evitar, hasta donde sea posible, el contagio.

Otro aspecto que es muy importante destacar en el psicoanálisis es que este no es un método que premie el sometimiento a dogmas o manipulaciones, sino que simplemente es un procedimiento de investigación científica que descubre, que busca razones y propone respuestas, y que por lo tanto solo puede prometer la realización del propio análisis hasta los límites, las posibilidades y las consecuencias de cada caso y para cada persona; por lo tanto, sus resultados no se habrán de medir en las escalas tradicionales del bien o del mal, ni de futuros premios en el "más allá", sino a través del conocimiento, la comprensión y la armonía de los componentes propios, en los aspectos más trascendentes para cada ser humano.

En el proceso psicoanalítico, un tabú social que es indispensable analizar es el tema de la sexualidad, que tanto interesó a Freud, y que lo llevó a darle un peso específico fundamental, por lo cual fue criticado reiteradamente; y al respecto, la experiencia nos dice que este tema es básico y fundamental para que cualquier investigación de esta naturaleza logre avanzar, ya que todos venimos al mundo como resultado de un acto sexual; de una inseminación uterina, y de una conducta física capaz de generar un nuevo producto humano, que habrá de reflejar a quienes lo crearon, y le trasmitieron toda su carga genética, así como sus propias experiencias, frustraciones y conductas reconocidas y ocultas.

El sexo, al que tanto censuran y reprimen las religiones, y al que con afán pretenden acotar los gobiernos y las estructuras sociales tradicionales, es esencialmente el instrumento básico para generar la vida, y a partir de ese momento cada persona ha de iniciar una simbiosis profunda con su madre, con quien habrá de experimentar todas las sensaciones de ese principio, en que la existencia misma, el placer, el alimento indispensable y el contacto físico entre ambos, irán formando el perfil de ese nuevo ser humano; el cual, por intuición y por génesis, va a unir el amor, el sexo y a la propia madre, y por extensión y origen también al padre, como los componentes primigenios que le son indispensables y que lo acompañarán de ahí en adelante; como una necesidad permanente, reconocida o reprimida, que prevalecerá en mayor o menor grado hasta el día de su muerte.

En ese tránsito primario es también donde los elementos esenciales del ser humano van quedando depositados en un inconsciente profundo donde se hallan los componentes genéticos de cada persona; siendo también ahí donde se debe iniciar esa doble construcción psicoanalítica de elementos inconscientes y racionales, que más tarde van a expresarse en forma constructiva si las partes se unieron, o de manera conflictiva y contestataria si no existe armonía entre ellas.

Como consecuencia lógica de lo expuesto, el disfrute del sexo, y su ejercicio gozoso y satisfactorio, se irán logrando en tanto la relación simbiótica con los progenitores se vaya transformando, para dejar atrás a los fantasmas de la posesión infantil; y así ir creando una distancia amorosa y comprensiva que libere la sexualidad de la persona, permitiéndole su ejercicio independiente, mientras los sentimientos de culpa van siendo neutralizados y superados, en una dinámica en la que la verdadera libertad sexual se podrá convertir en una experiencia permanente y lúdica, que no esclavice y que no genere culpas, siempre y cuando la persona haya podido transitar a través de sus primeras experiencias sexuales, ubicándolas y transformándolas en una vivencia enriquecedora, madura y generosa.

Siendo la sexualidad ese motor de vida y un componente tan poderoso en la conducta humana, la tentación y la necesidad de sujetarla y de ponerla al servicio propio ha sido una compulsión prioritaria de las estructuras religiosas y de los ámbitos terrenales del poder, que en su afán de controlar a la población, atemorizarla y hacerla sentir culpable, la someten a través de la penalización y la descalificación de su vida sexual, para convertirla en un tema secreto y culpígeno, así como en una conducta intrínsecamente reprobable, que solo puede tolerarse en la "santidad del matrimonio", o cuando se ejercen funciones reproductoras que darán como fruto más ovejas a las cuales pastorear y sobre todo trasquilar.

En razón de todo ello, en el lenguaje del poder, el sexo es lo prohibido, lo pecaminoso, el tabú, lo degradante y, por lo tanto, su libre ejercicio es reprobable e incluso delictivo, y con base en esas premisas, la autoridad sin quererlo, remueve los "instintos" irracionales del inconsciente, para convertir la función sexual en la conducta y en la acción más excitante, secreta y atractiva, revirtiendo esa censura en contra de sus propios manipuladores y de aquellos que la han promovido; quienes, además, sucumben constantemente ante las mismas tentaciones y prohibiciones que ellos han orquestado, y que los llevan a convertirse en sus víctimas más escandalosas; y es así como las jerarquías eclesiásticas pedófilas, y las burocracias lascivas, abusivas y promiscuas, en todos sus niveles, acaban sufriendo las consecuencias de las exhibiciones grotescas de su sexualidad desviada, reprimida o desgobernada, que ellos mismos satanizaron.

Todo esto quiere decir que cada persona puede ser libre sexualmente, o quedar esclavizada en razón de la distancia y de la madurez con las que pueda manejar su crecimiento emocional frente a sus progenitores; y de la influencia que pueda aceptar o rechazar ante la censura y la manipulación de los poderes religiosos o terrenales, lo cual habrá de plasmarse en libertad y en fortaleza si se sale avante en esa lucha por salvar su propia identidad; o en traumas y sometimientos culpígenos como son los que se expresan en el síndrome del "abandono" que es una muestra indudable de inmadurez y derrota en la vida emocional de cualquier persona.

Dicha "huella de abandono" es quizá uno de los temas más recurrentes y poderosos en el ámbito de la angustia vivencial del ser humano y su fuerza proviene de un impacto traumático y profundo que se presenta a partir del momento en que una criatura empieza a perder el contacto simbiótico con su madre y con su padre, y deja de ser el "centro" de ese universo para ocupar un lugar secundario en razón de su propio desarrollo y de la vida de cada uno de los seres que le rodean. Tal distanciamiento, que puede ser real o imaginario, la criatura lo intuye y lo siente como una ruptura violenta e injusta que la deja en la indefensión y en el abandono, dañando su identidad y autoestima. Frente a esto, reacciona culpándose a sí misma y adjudicándose una maldad y una perversidad culpígena que le trastornará su vida afectiva; pero que también la llevará a tratar de proteger y de encubrir al ser amado que la abandonó, y al que tanto desea, mientras que al mismo tiempo lo aborrece y lo quiere destruir por la "traición" intolerable de dicho "abandono" que, según su fantasía, merece el peor de los castigos. Este trauma y esta contradictoriedad trascienden a la vida adulta de quienes los sufren, convirtiendo al aparente abandonado en un perenne abandonador, que repetirá la tragedia que no pudo superar, y que se transfigura en culpa, y en un choque permanente, que alimenta un ánimo vengativo, que se vuelve constante, y que al refugiarse en el fondo del inconsciente de quienes padecen esa crisis recurrente, les va creando una gran lesión afectiva que estará siempre presente en ellos; por lo que es menester llevar dichos elementos de confusión hasta la superficie de su "yo", para que así, cada persona pueda aceptar emocionalmente la realidad de lo que le ocurrió, sea o no, coincidente con esas fantasías encubridoras y esos odios desmesurados que tanto la dañan.

Todos estos antecedentes nos permiten entender con claridad los denominados "complejos de Edipo y de Electra", basados en la mitología griega; y en los cuales los hijos se enamoran y poseen emotiva y sexualmente a sus progenitores, generando verdaderas tragedias, que fueron reconocidas desde la antigüedad, y que en la vida cotidiana pueden tener consecuencias demoledoras, si las personas no se independizan y maduran para ir construyendo su propia vida sexual y amorosa. Superando el síndrome del abandono, y permitiéndose una separación equilibrada y comprensiva frente a sus padres, en una de las tareas más profundas e importantes del desarrollo afectivo, que les permitirá conservar el cariño y el reconocimiento a quienes les dieron la vida, mientras se logra la libertad sexual de cada persona.

Estos aspectos tan básicos y fundamentales de las conductas esenciales del ser humano, los exhibió el psicoanálisis freudiano ante una sociedad, dogmática, formalista y elusiva; que se sintió desnudada y exhibida en su doble lenguaje y en su trauma de una sexualidad reprimida, neurótica y frustrante. Por estas razones, sus jerarquías reaccionaron con tanta indignación y rechazo, descalificando un procedimiento terapéutico que se sustentaba sustancialmente en la actividad sexual; en su ejercicio exagerado, perverso o culpígeno, así como en la frigidez o la impotencia, con todos los efectos que ello puede representar para el resto de los componentes de la personalidad y de las patologías individuales.

También hubo otra reacción minoritaria, pero mucho más sana, consciente e instruida, que aceptó la apertura iniciada por el método psicoanalítico y sus planteamientos sobre la sexualidad, y que después los seguidores de Freud, fieles o disidentes, fueron tomando, matizando o criticando, para así continuar con sus propias tareas de investigación y de análisis, desde varias perspectivas, que se han ido depurando a través del tiempo.

Nuestra apreciación sobre el tema nos indica que el ejercicio de una investigación psicoanalítica nos habrá de llevar por fuerza a abordar este tema sexual, y conforme se ahonde en el análisis correspondiente, las tesis de Freud se irán ratificando con una claridad y contundencia innegables, confirmando las premisas que sostienen que la conducta personal que no se analiza a través de sus expresiones sexuales y que no reconoce los vínculos esenciales del quehacer humano con la vida sexual, no podrá avanzar ni dará resultado alguno que sea apreciable y valioso.

El psicoanálisis nos permite también encontrar los factores de vida y plenitud que nos puede brindar el amor en todas sus expresiones y más allá de limitaciones, y de censuras, en una simbiosis entre la satisfacción de dar cariño y el placer de recibirlo, que produce un ámbito de felicidad, cuya descripción nunca alcanzará a la experiencia de vivirlo, obteniendo así, uno de los frutos más preciados de íntima alegría y de paz profunda, que le dan sentido y valor a la existencia misma.

En síntesis y con base en todas las premisas expuestas, podemos considerar que el psicoanálisis, cuando ahonda y prospera, reconstruye y fortifica la autoestima y la ubicación de cualquier persona ante sí misma, en un proceso integrador que le permite a ese ser humano obtener un nivel apreciable de libertad y de conciencia de sus actos, y ello le aporta, asimismo, una visión mucho más objetiva del mundo que le rodea y de las instituciones sociales, políticas y religiosas que antes veía con dimensiones distorsionadas, enormes y aplastantes, y que ahora puede observar en su verdadero tamaño y con la distancia necesaria; y es así como la persona que es liberada por el psicoanálisis también se puede desprender de su dependencia y sometimiento, frente al poder público, al que ya es capaz de calificar y darle la perspectiva que en cada caso merezca, sin la entrega incondicional o la descalificación obsesiva. Esto le permite establecer una relación más sana con esas instituciones, ya desmitificadas y dimensionadas, con las que puede convivir sin que se acerquen demasiado, generando daños por abuso o manipulación, y a las que se les puede exigir el cumplimiento de sus obligaciones, y también sancionarlas o premiarlas en razón de su desempeño.

En ese orden de ideas, la vinculación con la religión y sus congregaciones también se vuelve más sana y consciente, lo cual tiene como obvia consecuencia la valoración objetiva de sus propuestas y las decisiones que cada quien deba tomar al respecto; que van desde el agnosticismo freudiano, que rechaza el dogma de Dios y de la fe, al no hallar sustento racional, ni prueba objetiva alguna frente a esa hipótesis, hasta la libre aceptación de cualquier premisa religiosa, en el ámbito de la fe, pero ya limpia de amenazas, temores y falsas expectativas.

En este proceso, cada avance tiene su propia dimensión, según la persona que luche por él y lo experimente, y es por eso que la decisión de rescatar al inconsciente propio y de darle la libertad de que se exprese es algo que dará sus frutos paulatinamente, y de conformidad con las capacidades y la voluntad que cada quien comprometa en sus tareas psicoanalíticas.

Todas estas afirmaciones y reflexiones son el producto de décadas de esfuerzo bajo la guía de un verdadero maestro en el psicoanálisis freudiano, y en todo ello no hay más propósito que expresar y dejar testimonio y constancia de una experiencia propia, y no de especulaciones teóricas, ya que este trabajo es un simple relato de lo vivido, lo aprendido y lo sentido, y sus resultados, que nos permitieron renacer y reconstruirnos.

Esos frutos tan satisfactorios y gratificantes, en algunos temas tardaron décadas en irse expresando, mientras en otros aún estamos en espera de que lo hagan, de lo cual podemos concluir que este tipo de tareas no son nada fáciles y sí muy lentas y laboriosas; algunas veces frustrantes y frecuentemente difíciles de comprender; y aquel que crea que esta es una labor sencilla, a corto plazo y de resultados automáticos, se equivoca de todo a todo. En este tipo de reconstrucciones de un ser humano, que son semejantes a un verdadero renacimiento propio, la perseverancia cotidiana y la certeza de que se ha encontrado el camino a seguir tienen que ir quedando muy claras, porque de lo contrario, los objetivos del cambio no habrán de alcanzarse, ya que el reto es inmenso y los obstáculos múltiples y constantes.

En este proceso psicoanalítico en el que tuvimos la oportunidad de participar, y frente a tantos obstáculos y tanto tiempo empleado, el resultado final ha sido verdaderamente extraordinario, sobre todo en los ámbitos de felicidad, de paz y de comprensión; por lo cual el esfuerzo bien ha valido la pena y lo volveríamos a repetir cuantas veces fuese necesario, si tuviéramos la oportunidad de hacerlo.

Independientemente de todos los avances logrados, también hemos adquirido una conciencia muy clara de que estamos explorando los inicios y los albores de este gran descubrimiento; y que nos hallamos frente a las primicias de esta enorme conquista, en un momento histórico en el que las pocas personas que hemos tenido acceso al psicoanálisis, apenas nos hemos asomado al verdadero infinito que se encuentra paradójicamente en el pequeño y perecedero ámbito de la vida de cada uno de nosotros.

Lo que la filosofía nunca pudo encontrar, y lo que la religión fue incapaz de cumplir, ahora es una perspectiva y un paradigma que podemos alcanzar si estamos dispuestos a ello; sobre todo para quienes la opción del cielo y del infierno ya no es admisible, y el otorgarle a otros hombres la jerarquía de vicarios de Dios, como consecuencia de su solo dicho, o de su capacidad de proponer un paraíso que no cuenta con una sola prueba de su existencia, no es posible aceptarlo aunque se quisiera; y esta convicción no significa arrogancia personal alguna, ni soberbia de ninguna especie; es simplemente el resultado de una comparación entre la frustrante experiencia religiosa, que solo nos enfrentó a sus contradicciones, frente a la enriquecedora y gratificante experiencia psicoanalítica, que pone en nuestras manos la responsabilidad de nuestro propio rescate, y nos ofrece la comprensión de lo que somos, y de lo que nos mueve. Todo ello, hasta el límite de nuestras capacidades de entendimiento y en el entorno del tiempo que implica nuestra existencia.

En la pequeñez de nuestra propia realidad, y en la brevedad y la finitud de esta vida, por fin hemos encontrado el único y verdadero infinito que podemos comprender. Es ahí donde el universo se convierte en realidad cotidiana, donde el cielo se expresa en los breves momentos de felicidad, y en las etapas de paz y de autoaceptación que logramos disfrutar, aún con todas las limitaciones que padecemos y que debemos asumir con madurez.

Ya en las últimas etapas de este trabajo tan gratificante, solo tenemos sentimientos de agradecimiento para quien nos rescató de la tragedia ancestral de tantos que vienen al mundo sin entender que su único origen comprobable es el de su nacimiento, y la única razón de su existencia es la existencia misma, y también que los premios y castigos, aquí los habremos de obtener, ya que el ansiado concepto del infinito se expresa con toda claridad en nuestra segura y próxima desaparición.

Dentro de muchos siglos, cuando la humanidad se haya rescatado a sí misma; después de dedicarse a entender su universo interior, y a comprender a fondo las dimensiones de su yo íntimo, entonces se podrá valorar el descubrimiento de Freud y el inmenso valor del psicoanálisis.

El futuro

La enorme aportación de Sigmund Freud a la liberación de las personas frente a sus atavismos, y a la comprensión de su yo interno y profundo, significa el inicio del gran cambio en el desarrollo humano. Esa singular revolución del intelecto y del inconsciente, Freud la planteó como un proceso terapéutico individual para rescatar a uno o varios pacientes de conformidad con el tiempo que ello implica, su costo y las características de cada caso. Por esta razón, ubicó al psicoanálisis en una etapa preliminar de su posible desarrollo, ya que su potencial restaurador y curativo está circunscrito a un ámbito muy reducido de personas que tienen acceso a él.

Lo anterior hay que considerarlo como una realidad inicial y un punto de partida para abrir nuestras perspectivas, tomando la esencia de la "conquista" freudiana para ampliarla y multiplicarla a un mundo social, donde la salud mental y emocional no sea solo el privilegio de unos cuantos, sino el derecho de las mayorías, para así poder abrir el compás de los resultados favorables de este descubrimiento extraordinario, permitiéndole el acceso a grandes núcleos humanos a este instrumento de salud, que multiplicado colectivamente puede significar el gran cambio que a todos habrá de beneficiar, ya que, el equilibrio mental, la autoestima, y la paz emocional de un individuo, que pueden significar su salvación frente al infierno de sus compulsiones irrefrenables, no tendrán un valor social tangible si no se multiplican y se expanden en el ámbito de una comunidad, hasta donde sea posible, y en forma masiva.

En razón a la intensa intercomunicación cotidiana entre seres humanos que hoy vivimos, y a la progresión social que puede darse cuando una conducta individual se transforma y se reproduce a nivel comunitario, la tarea que queda por emprender en un futuro próximo se halla en la socialización de la esencia y de los procedimientos psicoanalíticos, y para ello es necesario convertirlos en un verdadero movimiento colectivo que eduque y fortalezca a toda la comunidad desde su nacimiento, y a través de una conducta más responsable, fuerte y amorosa, que debe iniciarse ante y con los progenitores, para consolidarse en el ámbito educativo, que tiene que transformar todos sus programas a fondo para darle prioridad al análisis de lo irreflexivo, de la autoestima, de la conjunción de los valores individuales y colectivos, y de la autodefensa personal frente a los embates de las patologías ajenas o colectivas.

Al respecto, otras perspectivas tendríamos para el futuro si solo imagináramos una nueva sociedad que pudiera reconocer y aceptar su inconsciente colectivo y las características de cada yo individual, y que construyera un gran proyecto de salud mental y conductual que se sustentara en una convivencia social madura y armónica, para lo cual será necesario un acuerdo comunitario en favor de este nuevo modelo, responsable y libertario, en el que la justicia y los derechos humanos, en lugar de ser postulados para la manipulación y demagogia, se conviertan en una realidad incluyente, cotidiana, gratificante y progresista.

Mediante ese paradigma podría empezar a vislumbrarse el verdadero superhombre; que será aquel que pueda convivir con su inconsciente y con sus limitaciones, ya que ese reconocimiento de lo propio lo pondrá en paz consigo mismo y con los demás, logrando a su vez, que esa dinámica individual se multiplique, propiciando un mundo nuevo y la vida comunitaria con la que siempre soñamos.

Por todo ello, no es justificable atemorizarse ante el psicoanálisis y ante su perspectiva de conocer las razones de nuestras conductas aparentemente irracionales, mediante un proyecto que solo pretende obtener y fortalecer dicho conocimiento profundo y objetivo de nosotros mismos, que es la antítesis de cualquier dogmatismo, de los muchos que siempre han aparecido para impedir que la sociedad y el individuo intenten liberarse de sus atavismos y de quienes los someten y los manipulan.

La verdadera libertad emerge desde el interior del ser humano y va hacia afuera, como en su momento lo analizó y lo expresó con brillantez Erich Fromm, al afirmar que no hay una patología social e individual tan nociva como el "miedo a la libertad".

En razón de todo lo anteriormente expuesto, es indispensable reconocer que el psicoanálisis, más que una terapia individual debe ser un recurso científico fundamental, de amplitud colectiva, que habrá de servir para el progreso de toda la humanidad.

Para finalizar este trabajo, es necesario reiterar que todo lo aquí escrito solo es el testimonio de alguien que por fin encontró en su propia vida, y en sus ámbitos de paz y libertad, todo lo que jamás pudo hallar afuera.

Cronología histórica

624 – 548 a. C.	Tales de Mileto
563 – 483 a. C.	Buda-Siddhartha
470 – 399 a. C.	Sócrates
427 – 347 a. C.	Platón
384 – 322 a. C.	Aristóteles
354 – 430 d. C.	San Agustín
1224 – 1274	Santo Tomás de Aquino
1473 – 1543	Nicolás Copérnico
1564 – 1653	Galileo Galilei
1596 – 1650	René Descartes
1788 – 1860	Arthur Schopenhauer
1844 – 1900	Friedrich Nietzsche
1856 – 1939	Sigmund Freud
1905 – 1980	Jean Paul Sartre

Referencias

1. "Si quieres cambiar al mundo, cámbiate a ti mismo".

   Mahatma Gandhi

2. "Se dice que en el oráculo de Delfos había dos inscripciones en diferentes umbrales: una decía *gnostis ze autón* (conócete a ti mismo), y la otra: *terapeia ze autón* (sánate a ti mismo); cabría pensar que Freud soñó con un tercer umbral que decía *eleutería ze autón* (libérate a ti mismo)".

   Roberto Mares.
   Sigmund Freud y el Psicoanálisis

3. "No soy en absoluto un hombre de ciencia, ni un observador, ni un expe-

rimentador, ni un pensador; por temperamento no soy más que un *conquistador* (en español), un 'aventurero' si quieres traducir esta palabra, con toda la curiosidad, la osadía y la tenacidad de este tipo de hombre".

Sigmund Freud.
Carta a Wilhelm Fliess

4. "La civilización es una carga tan pesada que en los países europeos reina una inquietante neurosis, y en cada individuo hay una tensión que lo aproxima a la locura: por muchos medios se busca hoy la salud, pero lo principal es disminuir esta neurosis, esta sobrexcitación de los sentimientos".

Friedrich Nietzsche.
Humano, demasiado humano

5. "El enmascaramiento inconsciente de las necesidades fisiológicas bajo las máscaras de la objetividad, de la idea, de la intelectualidad pura, es capaz de cobrar proporciones asombrosas, y con frecuencia me he preguntado si, a fin de cuentas, la filosofía no ha sido hasta hoy únicamente una exégesis del cuerpo, y un malentendido con relación al cuerpo".

Friedrich Nietzsche. *Ibíd.*

6. "...espero la llegada de un filósofo médico, en el sentido excepcional de la palabra, cuya tarea consistiría en estudiar el problema de la salud global de un pueblo, de una época, de una raza, de la humanidad, alguien que tenga el valor de llevar mi sorpresa hasta sus últimas consecuencias, y que se atreva a formular esta tesis; en toda actividad

filosófica emprendida hasta hoy no se ha tratado de descubrir la verdad, sino algo totalmente distinto, llamémoslo salud, futuro, creencia, poder, vida..."

Friedrich Nietzsche. *Ibíd.*

7. "...me he privado a propósito del alto placer de leer a Nietzsche para evitar toda idea preconcebida en la elaboración de las impresiones psicoanalíticas. Ello me obliga a estar dispuesto, y lo estoy gustosamente, a renunciar a toda prioridad en aquellos frecuentes casos en que los trabajos de investigación psicoanalítica no puedan hacer más que confirmar la visión intuitiva del filósofo".

Sigmund Freud.
Historia del movimiento psicoanalítico

8. "Soy un estudiante de medicina empirista y sin Dios".

Sigmund Freud.
Carta a Eduard Silverstein

9. "Las doctrinas de Darwin, por aquel entonces muy difundidas, me atrajeron poderosamente, porque prometían un extraordinario progreso en nuestra comprensión del mundo..."

Sigmund Freud.
Autobiografía

10. "...me di cuenta de que en adelante pertenecería a aquellos que han turbado el sueño del mundo, según la expresión de Hebbel, no pudiendo ya esperar objetividad ni consideración alguna. Más como mi convicción de la

exactitud general de mis observaciones y conclusiones iba siendo mayor cada día, y no carecía tampoco, precisamente, de valor moral ni de confianza en mi propio juicio, no podía ser dudosa mi resolución. Me decidí, pues, a creer que había tenido la fortuna de descubrir algo de singularísima importancia, y me dispuse a aceptar el destino enlazado a tales descubrimientos".

Sigmund Freud.
Historia del movimiento psicoanalítico

11. "...una cosa es expresar una idea bajo la forma de una ligera observación, y otra tomarla en serio, conducirla a través de todos los obstáculos y conquistarle un puesto entre las verdades reconocidas. Aquí hay la misma diferencia entre un

leve flirt y un matrimonio con todos los deberes y dificultades. *Épouser les idees* (casarse con las ideas)... es, por lo menos en francés, un giro usual".

Sigmund Freud. *Ibíd.*

12. "He reunido la conservación del individuo y de las especies bajo el concepto de Eros, oponiendo a este el instinto de muerte o de destrucción que labora en silencio. El instinto es concebido, en general como una especie de elasticidad de lo animado; esto es, como una aspiración a reconstruir una situación que existió ya una vez y fue suprimida por una perturbación exterior".

Sigmund Freud.
Tres ensayos sobre la teoría sexual

14. "La creencia en que la sexualidad no existe durante la niñez forma parte de las concepciones populares respecto del instinto sexual, en las que también se considera que la sexualidad no aparece sino hasta la pubertad. Esta creencia es sin duda un error de consecuencias graves, pues a ella se debe principalmente nuestro actual desconocimiento de las circunstancias fundamentales de la vida sexual. Un penetrante estudio de las manifestaciones sexuales infantiles probablemente nos revelaría los rasgos esenciales del instinto sexual, descubriéndonos su desarrollo y su composición de elementos procedentes de diversas fuentes."

Sigmund Freud. *Ibíd.*

15. "Las teorías de la resistencia y de la represión de lo inconsciente, de la significación etiológica de la vida sexual y de la importancia de los sucesos infantiles son los elementos principales del edificio teórico psicoanalítico".

Sigmund Freud. *Ibíd.*

16. "...también en mí descubrí el amor por la madre y los celos contra el padre, al punto de que los considero ahora como un fenómeno natural de la temprana infancia... Si es así, se comprende el apasionante hechizo de Edipo rey."

Sigmund Freud.
Carta a Wilhelm Fliess

17. "Paralelamente a la organización de la libido se desarrolla el proceso de ha-

llazgo del objeto, proceso al que se halla adscrita una importantísima misión en la vida anímica. El primer objeto erótico posterior al estado de autoerotismo es, por ambos sexos, la madre, cuyo órgano alimentico no fue distinguido al principio del propio cuerpo. Más tarde, pero aún en los primeros años infantiles, se establece la relación del complejo de Edipo, en la cual concentra el niño, sobre la persona de la madre sus deseos sexuales y desarrolla impulsos hostiles contra el padre, considerado como un rival. Esta es también *Mutatis mutandis,* la actitud de la niña. Todas las variedades y consecuencias del complejo de Edipo son importantísimas. La constitución bisexual innata interviene también y multiplica el número de las tendencias simultáneamente dadas.

Transcurre bastante tiempo hasta que el niño se da clara cuenta de la diferencia de los sexos, y durante esa época de investigación sexual crea, para su uso particular, teorías sexuales típicas que, dependiendo de la imperfecta organización somática infantil, mezclan lo verdadero con lo falso, sin conseguir solucionar los problemas de la vida sexual (el enigma de la Esfinge, o sea el de la procreación de los niños). La primera elección de objeto infantil es, pues, incestuosa. Toda la evolución aquí descrita es efectuada rápidamente. El carácter más singular de la vida sexual humana es su división en dos fases con una pausa intermedia. Alcanza su primer punto culminante en el cuarto o quinto años de la vida, pasados los cuales desaparece esta temprana floración de la sexualidad y sucumben a la represión las tendencias hasta entonces muy intensas, surgiendo el periodo de latencia, que dura hasta la pubertad, y en cuyo transcurso quedan edificadas las formaciones reactivas de la moral, el pudor y la repugnancia".

Sigmund Freud.
Historia del movimiento psicoanalítico

18. "La condición psíquica del estado de reposo es la obediencia del yo al deseo de dormir y a la sustracción de las cargas de todos los intereses vitales. Dada la simultánea oclusión de los accesos de la motilidad, puede el yo disminuir el esfuerzo, con el que en otra ocasión mantiene las represiones. Esta negligencia nocturna de la represión es aprovechada por el impulso incons-

ciente para llegar a la conciencia por medio del sueño".

Sigmund Freud.
La interpretación de los sueños

19. "Más aún, Freud precisa que el 'núcleo del inconsciente' está formado por representaciones y por pulsiones que quieren descargar su inversión (dicho de otro modo: 'por emociones, por deseos'). Estas emociones instintivas están coordinadas entre sí, subsisten unas al lado de las otras sin influirse ni contradecirse: cuando dos deseos se enfrentan, no divergen ni se anulan, sino concurren a alcanzar una meta fijada en mutua transacción.

"No hay en el inconsciente ni negación, ni duda, ni grado de certidumbre.

Se manifiesta una gran movilidad de la intensidad de la inversión según dos procesos primarios: el desplazamiento y la condensación, siendo el proceso secundario la parte del preconsciente.

"Los procesos del inconsciente están 'fuera del tiempo', no tienen en cuenta a la realidad y están sometidos a las exigencias del principio regulador placer-displacer. El inconsciente está vivo, puede desarrollarse y coopera con el preconsciente. Se prolonga en sus retoños. Los sucesos de la vida actúan sobre él. Y, a la vez que influye en el preconsciente, sufre la influencia de este.

"En resumen, el inconsciente freudiano no es, como se ha dicho con frecuencia, un mero depósito de pulsiones. No solo es una actividad psíquica que, indiferenciada en su origen, da nacimiento al yo, sino que es una fuente de potencialidades humanas que el sujeto, cuando evoluciona por la maduración, puede actualizar y cultivar en su acción sobre la realidad".

Angelo Louis Marie Hesnard.
La obra de Freud

20. "Freud ha sido el primero en descubrir una vida sexual en el niño. Un prejuicio muy extendido, en efecto, era el que suponía que la sexualidad no aparece con el desarrollo de los órganos sexuales sino hasta la época de la madurez sexual, es decir, hasta la pubertad.

"Ahora bien, Freud insistía, desde el comienzo de su experiencia, en que ciertas personas no experimentan atracción sexual más que por las personas de su mismo sexo. Que hay, en algunos, un placer sexual que no emana de las zonas genitales y los conduce a descuidar su uso (perversión). Que, en fin, ciertos niños se interesan demasiado en sus órganos genitales y presentan una excitación evidente en este aspecto. Entonces se dedicó a precisar tres resultados de sus observaciones:

"1) La sexualidad se manifiesta tempranamente desde el nacimiento, aunque en forma muy diferente de la sexualidad del adulto: es en gran parte difusa, es decir, que interesa al conjunto del organismo.

"2) Es necesario distinguir lo sexual, noción general que supera en mucho a la actividad relacionada con los órganos genitales, de lo genital que traduce esta actividad.

"3) En fin, si la vida sexual comprende la función que permite obtener el placer a partir de las diversas zonas del cuerpo, y si, posteriormente, está puesta al servicio de la reproducción, las dos funciones no siempre coinciden totalmente.

"Los fenómenos sexuales de la primera infancia (fijación del niño a una persona, celos, etc.) que anuncian los de la vida amorosa del adulto, evolucionan regularmente y se intensifican hasta llegar al fin del 5°. año. Después hay, hasta la pubertad, un periodo de latencia: hay entonces una detención de la evolución, amnesia y con frecuencia regresión a las fases anteriores. A causa de la amnesia infantil que ocurre entonces, es difícil reconstituir los fenómenos de la sexualidad infantil (y la de los individuos con neurosis infantil)".

Angelo Louis Marie Hesnard. *Ibíd.*

21. "Lo que ha parecido particularmente interesante a Freud en el sueño, es la reconstitución, no solamente de los pensamientos inconscientes, sino de la manera en que penetran en el psiquismo consciente después de la recomposición que les hace sufrir la censura. Esta elaboración secundaria del sueño es la que permite descubrir las leyes que rigen el inconsciente".

Angelo Louis Marie Hesnard.*Ibíd.*

22. "No es excesivo hablar de revolución freudiana en materia de ciencia psicológica, o si se prefiere, de arte científico psicológico. Muchos autores han puesto en evidencia la profunda diferencia de la psicología antes y después de Freud. El descubrimiento de los hechos referidos por Freud a una actividad inconsciente del espíritu (de extrema importancia), el sentido de las conductas humanas normales y patológicas, que es esto lo que tienen de interesante, en un sentido oculto, la denuncia de una sexualidad humana que aparece con la vida y que hace que cada ser humano, sexuado, tenga una historia, la comprobación de que no solamente todos los fenómenos psíquicos conscientes sino los fenómenos psíquicos inconscientes tienen una significación que se deja descubrir a veces

en lo que hay de más ficticio, accesorio, insignificante, inadvertido en los actos humanos, constituyen los diversos elementos de una revelación: la de una actividad subterránea del espíritu de la que ninguna psicología anterior había juzgado necesario preocuparse".

Angelo Louis Marie Hesnard. *Ibíd.*

23. "El psicoanálisis no es solamente un método terapéutico, sino un método de investigación, de conocimiento concreto profundo del hombre, no solamente como individuo sino como persona situada en el mundo interhumano: así se concibe el papel primordial, en la vida humana, de lo que llama la relación de objeto, de la que Freud siguió la evaluación desde el nacimiento hasta la muerte, en el

individuo, en los grupos, en los medios sociales y culturales. Veremos que ha esbozado una personalogía y un conocimiento de la estructura a la vez personalógica e interpersonalógica del ser humano, superando en mucho las simples descripciones clásicas de la 'vida afectiva', ya valoradas por los psicólogos y especialmente en Francia, por Th. Ribot".

Angelo Louis Marie Hesnard. *Ibíd.*

24. "¿Cuál es, en definitiva para Freud, el origen esencial de las neurosis? Es el hecho de que el desarrollo del yo se aleje del desarrollo libidinal. Piensa que las neurosis podrían ser, no evitadas, pero a veces prevenidas, si se evitaran, al yo infantil, débil por su inmadurez ante las excitaciones del primer periodo de

la sexualidad, las ocasiones habituales de los primeros fracasos en la vida".

Angelo Louis Marie Hesnard. *Ibíd.*

25. "Durante el periodo largo y lleno de consecuencias que es el periodo infantil, el individuo está bajo la entera dependencia de sus padres. Su influjo sobre él, que es considerable, forma poco a poco, en el yo del niño, una instancia particular que mantiene y prolonga en él este influjo: el superyó (Überich). Las particularidades de esta instancia poderosa se vuelven incomprensibles cuando se les regresa a las relaciones del niño con sus padres.

"El superyó puede ser concebido como el resultado de una suma de 'identificaciones' del joven individuo con sus padres, nodrizas y después educadores.

"Si en efecto el yo coincide con la partida del ello que representa el mundo real exterior en el mundo psíquico, en una cierta fase precoz del yo, se produce una nueva diferenciación de este: el superyó. Esta nueva instancia presenta relaciones particulares con la consciencia".

Angelo Louis Marie Hesnard. *Ibíd.*

26. "Como el ello, el superyó representa el influjo del pasado, con la diferencia de que el ello es el sustrato, hipotético por otra parte, de la herencia. Mientras que el superyó está formado principalmente por lo que él mismo ha vivido, sometido a todas las contingencias de lo acciden-

tal, de lo ocasional y del ambiente presente, durante el tiempo de su formación. Porque, ante todo, la condición de dependencia del niño nace del superyó.

"Lo que forma parte de las capas más profundas de la vida psíquica individual, gracias a la formación del yo ideal, dice Freud, es lo que hay de más elevado en el alma humana en la escala de nuestros valores corrientes. Es fácil mostrar que el yo ideal satisface a todas las condiciones a las que debe satisfacer la esencia superior del hombre. En cuestión de deformación sustitutiva de la pasión por el padre, contiene el germen del que nacen todas las religiones. Los sentimientos sociales están fundados sobre identificaciones con otros miembros de la colectividad que tienen el mismo yo ideal... La religión, la moral, el sentimiento social, estos tres elementos fundamentales de la esencia más elevada del hombre no formaban al principio más que un todo indivisible".

Angelo Louis Marie Hesnard. *Ibíd.*

27. "Pero se debe insistir en que Freud no fue pansexualista. Rechazó el adjetivo con considerable aspereza, no porque reverenciara unilateralmente la libido solo en secreto, sino porque, sencillamente, pensaba que sus detractores estaban equivocados. En 1920, en su Prefacio a la cuarta edición de los *Tres ensayos*, les recordó a sus lectores, con una cierta satisfacción malsana, que había sido el filósofo alemán Arthur Schopenhauer, y no él, el rebelde y marginal, quien hizo que la huma-

nidad se enfrentara 'hace algún tiempo, con el grado en que sus metas y acciones están determinadas por impulsos sexuales'. Este era un hecho de la historia cultural convenientemente olvidado por los críticos que insistían en que 'el psicoanálisis lo explica todo mediante el sexo'. 'Ojalá que todos los que miran con desdén al psicoanálisis desde su punto de vista superior recuerden cuán estrechamente la sexualidad desarrollada por el psicoanálisis coincide con el Eros del divino Platón'. Cuando quería, Freud, el positivista y convencido antimetafísico, no vacilaba en citar a un filósofo como antepasado intelectual".

Peter Gay.
Freud

28. "Crees verdaderamente que un día habrá en la casa una placa de mármol en la que pueda leerse:

AQUÍ, EL 24 DE JULIO DE 1895,
SE REVELÓ AL DR. SIGMUND FREUD
EL MISTERIO DEL SUEÑO".

Sigmund Freud.
Carta a Wilhelm Fliess

29. "El hombre, cuanto más gana en libertad, en el sentido de su emergencia de la primitiva unidad indistinta con los demás y la naturaleza, y cuanto más se transforma en 'individuo', tanto más se ve en la disyuntiva de unirse al mundo en la espontaneidad del amor y del trabajo creador o bien de buscar alguna forma de seguridad que acuda a

vínculos tales que destruirán su libertad y la integridad de su yo individual."

Erich Fromm.
El miedo a la libertad

* * *

TÍTULOS DE ESTA COLECCIÓN

Cómo leer el rostro. *Richard Webster*

El camino de la sincronía. *Allan G. Hunter*

El misterio de la reencarnación. *J. Allan Danelek*

El sistema Palm Beach para el alivio del dolor. *Nuchovich*

El viaje de las almas. *Michael Newton*

Formulario completo de aceites mágicos. *Reyne Heldstab*

Milagros ahora. *Gabrielle Bernstein*

Momentos milagrosos de la vida. *Al-Chokhanchy*

Perdón. *Iyanla Vanzant*

Psicoanálisis. La gran alternativa. *Alejandro Gertz M.*

Puertas hacia vidas pasadas y vidas futuras.

Viviendo la Ciencia de la Mente. *Ernest Holmes*

Esta obra se imprimió
en los talleres de
IMPRESOS MEGAUNIÓN S.A. DE C.V.
Calle 8 manzana 49 lote 16
Deleg. Iztapalapa C.P. 09920
Col. José Lopéz Portillo
Tel. 5845-6296